工会工作知识题库系列丛书

工会网上工作知识题库

学习强会 编

中国工人出版社

图书在版编目（CIP）数据

工会网上工作知识题库 / 学习强会编 . —
北京：中国工人出版社，2023.6

ISBN 978-7-5008-8196-4

Ⅰ . ①工…　Ⅱ . ①学…　Ⅲ . ①工会工作－中国
－干部培训－习题集　Ⅳ . ① D412.6-44

中国国家版本馆 CIP 数据核字（2023）第 099563 号

工会网上工作知识题库

出 版 人	董　宽
责任编辑	罗荣波
责任校对	张　彦
责任印制	栾征宇
出版发行	中国工人出版社
地　　址	北京市东城区鼓楼外大街45号　邮编：100120
网　　址	http://www.wp-china.com
电　　话	（010）62005043（总编室） （010）62005039（印制管理中心） （010）62382916（工会与劳动关系分社）
发行热线	（010）82029051　62383056
经　　销	各地书店
印　　刷	北京市密东印刷有限公司
开　　本	787毫米×1092毫米　1/32
印　　张	3.75
字　　数	50千字
版　　次	2023年7月第1版　2023年7月第1次印刷
定　　价	16.00元

本书如有破损、缺页、装订错误，请与本社印制管理中心联系更换

目　录
CONTENTS

单项选择题

扫码闯关答题

1.（　）年，中国正式接入国际互联网。

A. 1994　B. 1995　C. 1996　D. 1997

2. 2023 年 3 月，中国互联网络信息中心（CNNIC）发布第 51 次（　）。

A.《中国互联网络发展状况统计报告》

B.《中国互联网络职工状况统计报告》

C.《中国互联网络舆情状况统计报告》

D.《中国互联网络职工服务统计报告》

3.（　）时期，工会系统主动将工会网上工作提上重要日程，用信息化驱动工会网上工作，信息化工作基础得到夯实，网上工作取得初步成效。

A.“十一五”　B.“十二五”

C.“十三五”　D.“十四五”

4. （ ）主要是用于管理和处理信息所采用的各种技术的总称，其主要应用计算机科学和通信技术来设计、开发、安装和实施信息系统及应用软件。

A. 信息技术　　B. 信息管理

C. 电子通信　　D. 信息网络

5. 党的二十大报告指出，加快建设制造强国、质量强国、航天强国、交通强国、网络强国、（ ）。

A. 智能强国　　B. 智慧中国

C. 数字强国　　D. 数字中国

6. 加快（ ），创新宏观治理模式，是“十四五”时期我国增强大国竞争力、提升国家治理能力的战略重点之一。

A. 结构性变革　　B. 功能性变迁

C. 数字化转型　　D. 需求侧调控

7. 以（ ）、数字社会、数字政府为重点领域的数字中国建设正持续推进，为加快智慧工会建设、推动工会网上工作提供了难得的历史机遇。

A. 数字文化　　B. 数字改革

C. 数字经济　　D. 数字社区

8. 全国总工会第九次全国职工队伍状况调查显示，全国职工总数达 4.02 亿人左右，其中农民工 2.93 亿人、新就业形态劳动者（　）万人。

A. 9800　　B. 9500　　C. 8800　　D. 8400

9. 工会工作是党的群团工作、群众工作的重要组成部分，（　）工作是党和国家网信事业的重要方面。

A. 工会信息化　　B. 工会数字化

C. 工会电子化　　D. 工会智慧化

10. 2015 年 2 月，中共中央印发《关于加强和改进党的群团工作的意见》，要求打造（　）相互促进、有机融合的群团工作新格局。

A. 网上网下　　B. 全国各地

C. 各级工会　　D. 基层工会

11. 广大（　）是建设数字工会的责任主体和关键力量，工会干部只有不断提升自身数字素养，强化数字应用能力，持续增强以数字化思维和数字化手段开展多元化服务的新本领，才能适应数字化时代信息化治理能力的新要求。

A. 党员干部　　B. 工会主席

C. 工会干部　　D. 职工群众

12. 中共中央、国务院印发的《新时期产业工人队伍建设改革方案》明确指出，要运用互联网促进产业工人队伍建设，推行（　）普惠性服务。

A. 智慧工会　　B. 移动互联

C. “互联网+”　　D. 网上工会

13. 关于加强产业工人队伍建设，以下选项不属于工会网上工作部门主要职责的是（　）。

A. 创新网络载体

B. 打造网络学习平台

C. “互联网+”普惠性服务

D. 加强职工入会工作

14. 全国总工会在十七届七次执委会议上强调，要按照

（　）的基本原则，加强统筹指导和应用，建设逻辑统一、安全可靠、覆盖全国、互联互通的大数据系统和服务平台。

A. 专业、明确、高效　　B. 全面、系统、协调

C. 管用、善用、安全　　D. 系统、高效、专业

15. 2019 年 4 月 11 日，全国总工会在湖北召开工会工作调研座谈会，首次就（　）建设做出比较系统的阐述。

A. 网络强国　　B. 智慧工会

C. 网上工会　　D. 智能服务

16. 全国总工会加强与中央网信办相关部门合作交流，指导地方工会开展（　）主题活动和国家网络安全宣传周活动，提升地方工会网上工作水平。

A. “网聚职工正能量　争做中国好职工”

B. “网聚职工正能量　争做中国好网民”

C. “网聚职工正能量　争做中国好公民”

D. “网聚职工正能量　争做各地好网民”

17. 2004年，全国总工会以推进（　）建设为主题，召开全国工会秘书长办公室主任座谈会，工会信息化工作开始被提上日程。

A. 工会信息化　　B. 工会智慧化

C. 工会数字化　　D. 工会智能化

18. 2009年11月，全国总工会办公厅和国家信息中心联合下发通知，决定利用（　）连接各省、自治区、直辖市总工会，建设全国工会系统政务外网工作平台，开展全国工会系统工作动态等各种业务应用。

A. 工业互联网　　B. 工会信息传播网

C. 国家电子政务外网　　D. 工会信息网

19. 随着工会网上工作的不断发展，一批全国性业务应用系统相继建成。下列选项中不属于全国性工会网上业务系统的是（　）。

A. 全国工会统计年报调查系统

B. 基层组织建设工作管理系统

C. 工会帮扶工作管理系统

D. 职工购物服务系统

20. 在全国总工会的指导下，各地方工会越来越多地将业务软件系统部署在国家电子政务外网，并同步建设（　）和信息保护体系，利用国家电子政务外网的数字证书和安全密钥进行双因子身份认证。

A. 安全管理　　B. 信息管理

C. 安全认证　　D. 信息保障

21. 2016年底，全国总工会在工会统计数据库及基层组建管理系统数据库的基础上，以（　）为指导原则，结合全国总工会信息系统建设实际，印发了《全国工会会员管理信息系统指标体系与数据结构（试行）》。

A. “定制度、出标准、汇数据”

B. “定方案、定制度、定目标”

C. “定制度、定人员、搞服务”

D. “定标准、做框架、搞改革”

22.《全国工会会员管理信息系统指标体系与数据结构（试行）》是全国总工会层面第一份关于（　）的文件，为指导建立全国统一的会员信息基础数据库奠定了基础。

A. 制度化建设　　B. 信息化标准

C. 组织化管理　　D. 系统化建设

23.（　）年，全国总工会在机构改革中专门成立了网络工作部，负责指导和推进全国工会网上工作。

A. 2016　B. 2017　C. 2018　D. 2019

24. 全国总工会自2016年12月与（　）联合开展“网聚职工正能量　争做中国好网民”主题活动以来，坚持每年联合开展活动，将主题活动和工会网上工作密切结合，一起部署、一体推进，取得丰硕成果，办出了鲜明的“工”字特色。

A. 中央网信办　　B. 中央组织部

C. 共青团中央　　D. 全国妇联

25.《全国工会网络安全和信息化“十四五”规划

（2021—2025年）》指出，以服务职工、服务基层工会组织为主线，以（　）精准服务为抓手，以推动建设逻辑统一、覆盖全国的大数据系统和服务平台为着力点，以数据集中和共享为途径，加快推进智慧工会建设。

A. 职工普惠制　　B. 普惠制度化

C. 制度精准化　　D. 职工实名制

26. 我国电子政务建设起步于20世纪80年代的办公自动化系统建设，从应用和技术的视角看，我国电子政务逐渐从电子化阶段向网络化、（　）阶段发展。

A. 制度化　　B. 实名制

C. 数字化　　D. 机关化

27. 在服务职工层面，工会网上工作坚持（　）的工作导向，聚焦提升职工生活品质，创新网上普惠服务模式，健全完善服务系统功能模块，提高与职工生产生活的关联度。

A. 会员实名制　　B. 以职工为中心

C. 制度化建设　　D. 工会组织建设

28. 《全国工会网络安全和信息化"十四五"规划（2021—2025年）》的总体思路是（　）为核心引领，深入推进工会治理数字化、服务智能化协同发展。

A. 以数字驱动　　B. 以系统集成

C. 以智慧服务　　D. 以会员实名

29. 《中国工运事业和工会工作"十四五"发展规划》提出，加快（　），打造工会工作升级版。

A. 工会网上建设　　B. 工会智慧建设

C. 智慧工会建设　　D. 智能工会建设

30. 智慧工会是工会网上工作的（　）形态，是以信息技术、网络技术、大数据、云计算、人工智能等创新驱动为引领，帮助工会提升履职能力和服务水平、走好网上群众路线的服务与支撑体系。

A. 数字化、智能化　　B. 知识化、系统化

C. 集成化、便捷化　　D. 信息化、群众化

31. 智慧工会的建设和长期发展，主要依托于（　）的新模式探索，以及匹配专业化人才队伍建设等相应的机制。

A. 知识技术系统化　　B. 运维运营一体化

C. 工作服务融合化　　D. 服务工作普惠化

32. 2020 年 4 月 10 日，在全国总工会十七届三次执委会议上，王东明指出，要加快打造智慧工会，坚持高标准、集大成，开发（　）的工会服务职工 App，实现全国“一张网”，发挥网上工会、智慧工会的最大效能。

A. 系统全面　　B. 稳定高效

C. 协调稳定　　D. 全国统一

33. 建设智慧工会需在牢牢把握增强政治性、先进性、群众性原则的基础上，立足工会（　），从政治、经济、社会、文化、网络空间、信息技术等多维度出发，并系统性地加以统筹和构建。

A. 制度建设　　B. 组建工作

C. 职工需求　　　　　　D. 主责主业

34. 智慧工会在呈现上，可以抽象浓缩为“（　）的大数据系统和全国工会服务平台”。

A. 系统全面、智能先进　B. 逻辑统一、覆盖全国

C. 效率优先、兼顾公平　D. 服务职工、普惠统一

35. 在深层次，智慧工会通过“大数据+”、（　）、“云计算+”，构建起工会的治理能力提升体系、服务应用创新体系、网信基础支撑体系，巩固发展工会网上舆论阵地。

A. “大系统+”　　　　B. “互联网+”

C. “智能化+”　　　　D. “普惠制+”

36. 智慧工会建设的逻辑统一绝非仅限于物理概念和管理体系意义上的逻辑统一，而应着眼于工会作为具有（　）的规模组织体系特点的群团组织，相对其他垂直管理的政府部门的独具优势，在逻辑统一上的呈现。

A. 服务职工、服务百姓　B. 协同发展、开拓创新

C. 服务职工、维护权益　D. 纵向到底、横向到边

37. 智慧工会建设的逻辑统一包括业务逻辑统一、（　）、技术逻辑统一、标准逻辑统一和保障逻辑统一。

A. 法律逻辑统一　B. 数据逻辑统一

C. 服务逻辑统一　D. 组织逻辑统一

38. 对于全国总工会，作为领导机关，其业务逻辑的重点是构建全国工会的协同服务的（　），提供下级工会可以调用的共性能力，调度全国层面的资源。

A. 服务入口　B. 技术入口

C. 统一入口　D. 分享入口

39. 关于数据资源的管理，基层工会的重点在于会员、组织、干部，以及在（　）和职工服务过程中产生的基础数据资源。

A. 工会运行　B. 组织宣传

C. 职工文化　D. 组织建设

40. 关于数据资源的管理，全国总工会层面的重点在于

落实党中央赋予工会的任务，从更高维度抽象出政治性、先进性、群众性的数据资源，形成思想政治引领、职工维权工作、产业工人队伍建设等领域的专题数据成果和重点数据成果，为党中央关于（　）的决策提供数据支撑。

A. 组织建设和法治建设

B. 工运事业和工会工作

C. 国家治理和社会治理

D. 基层治理和社会治理

41. 技术逻辑统一，并不是要求各级工会采用某一个技术或某一个产品，而是在全国工会构建一个开放融合的（　）。

A. 系统性结构　　B. 法治化体系

C. 工会系生态　　D. 组织性框架

42. 全国总工会鼓励各级工会为职工群众提供“百花齐放”的服务，并为各级工会提供“云脑”应用市场作为（　），通过应用市场提供可供各级工会按需调用的基础性的管理类和服务类应用。

A. 技术载体　　B. 生态载体

C. 物理载体　　D. 服务载体

43. 标准逻辑统一，是从全国工会视角对（　）工作在体系规划和重点标准化对象方面的统一。

A. 工会系统化　　B. 工会服务化

C. 工会制度化　　D. 工会标准化

44. 全国总工会负责全国工会在“十四五”时期或更长时期内标准体系的（　），为全国工会制定标准化工作指南，指导各级工会应用、衍生工会信息化标准。

A. 方案执行　　B. 项目落地

C. 总体规划　　D. 具体实施

45. 省级工会围绕全国总工会的信息化标准和本省工作制定用于服务信息化项目建设、基层管理与服务的（　）标准，与各级工会共同构成了标准层面的逻辑统一。

A. 总体规划　　B. 衍生扩展

C. 政策法规　　D. 组织建设

46. （　）时期，工会系统积极推进工会信息化建设，逐步健全网上工作组织体系，初步建立网络宣传阵地，网上服务职工平台初具规模。

A. “十一五”　　B. “十二五”

C. “十三五”　　D. “十四五”

47. 《中国工运事业和工会工作“十四五”发展规划》和《全国工会网络安全和信息化“十四五”规划（2021—2025年）》要求，优先驱动各级工会对大数据系统和服务平台在（　）上的保障。

A. 目标认知和工作规律

B. 建设标准和服务标准

C. 方案执行和方案评估

D. 方案制定和人员安排

48. 智慧工会建设的基本原则包括：坚持加强党的全面领导、坚持服务职工服务基层、（　）、坚持系统谋划各方协同、坚持开放共享安全可靠。

A. 坚持需求导向服务导向

B. 坚持问题导向目标导向

C. 坚持制度建设过程管理

D. 坚持阶段开放全程规划

49. 智慧工会建设要满足广大职工群众对工会服务的需求，适应工会事业（　）的需要，构建“互联网+”工会服务职工体系，打造方便快捷、务实高效的服务职工新通道，提升运用网络服务职工能力。

A. 思想政治引领　　B. 改革创新发展

C. 维护职工权益　　D. 促进社会和谐

50. 工会网上工作技术手段在网上，而工作的本质核心在网下，衡量工会网上工作的成败，主要标准之一就在于能不能通过网上解决（　）。

A. 职工的问题　　B. 工会的问题

C. 网下的问题　　D. 服务的问题

51. 职工都是虚拟生活在网上，真实生活在网下，所以必须（　）相结合，最大限度地提高网上工会对广大职工群众的吸引力和凝聚力。

A. 维权服务　　B. 网上网下

C. 组建帮扶　　D. 工作宣传

52. 智慧工会建设要真正有效实现提高网上工会对广大职工群众的吸引力和凝聚力这一目标，在于能为广大基层会员提供切实有效的（　）服务。

A. 维权型　　B. 服务型

C. 普惠性　　D. 制度性

53. 开展网上工作，要实现网络技术和（　）相结合，服务内容与服务手段让职工用得上、用得起、离不开。

A. 真实服务　　B. 网络服务

C. 职工服务　　D. 制度保障

54. 工会在网上开展新就业形态劳动者服务面临的困难不包括（　）。

A. 新就业形态劳动者的流动性强

B. 缺乏实名制数据和完整档案

C. 没有高黏性服务，不容易把他们凝聚起来

D. 新就业形态劳动者没有服务需求

55. 工会网上工作以（　）为导向，以服务大局为目标。

A. 解决问题　　B. 制度保障

C. 职工维权　　D. 普法宣传

56. 工会网上工作者要从整体上、全局上认识问题，在普遍联系中处理工会（　）工作，融入国家网络安全和信息化大局。

A. 网络安全和信息化

B. 联系和服务职工

C. 基层工会组建和民主管理

D. 维权和服务工作

57. 工会网上工作任务艰巨、形势复杂，更要坚持系统观念，充分领会（　）的重大意义、丰富内涵、精神实质、实践要求，深刻理解时代发展和互联网规

律，将网上工作作为深化工会改革的重要举措，在党和国家工作大局中更好地发挥积极作用。

A. 制造强国　　B. 智慧中国

C. 网络强国　　D. 民生中国

58. （　）时期，全国工会系统以智慧工会建设为目标，着力发挥信息化驱动引领作用，积极开创工会网上工作建设新局面，为全面建设社会主义现代化国家提供有力支撑和保障。

A. “十一五”　　B. “十二五”

C. “十三五”　　D. “十四五”

59. 要充分调动各级工会和社会力量，善于利用这些资源有针对性地开展工会网络安全和信息化工作，充分借助（　）的力量为职工服务。

A. 政府和工会　　B. 社会和市场

C. 工会和职工　　D. 组织和系统

60. 工会网络安全和信息化工作必须牢固树立（　），严格落实网络安全和数据安全法律法规，确保建设

和安全同步推进。

A. 信息观　　B. 国家信息观

C. 国家安全观　　D. 总体国家安全观

61. 智慧工会建设发展格局中的“一个引领”，即以（　）为核心引领，是工会网络安全和信息化工作的主要方向。

A. 数字驱动　　B. 数字动能

C. 数字引领　　D. 数字变革

62. 智慧工会建设发展格局中的“两化协同”，即深入推进工会（　）协同发展，是工会网络安全和信息化工作的战略布局。

A. 管理现代化、工作时代化

B. 工作协同化、信息全面化

C. 管理信息化、治理安全化

D. 治理数字化、服务智能化

63. 智慧工会建设发展格局中的“三大体系”，即“大数据+”工会（　）提升体系、“互联网+”工会服务应用创新体系、“云计算+”工会网信基础支撑体系，是工会网络安全和信息化工作的基础构架。

A. 治理能力　　B. 服务能力

C. 管理能力　　D. 分析能力

64. 建设全国工会（　）的大数据系统和服务平台是工会网络安全和信息化工作的主要任务，由全国总工会统筹规划、全国各级工会协同建设。

A. 信息完备　　B. 逻辑统一

C. 协调发展　　D. 协同创新

65. 关于工会信息化建设，全国总工会要聚焦只有全国总工会才做得了的而各级工会和广大职工、会员又需要的“长板”，并把这一“长板”做到极致，其中包括三个理念，分别是统分结合、连接资源和（　）。

A. 赋能基层　　B. 赋能工会

C. 赋能职工　　D. 赋能社会

66. 关于统分结合，全国总工会重在建设（　）和设置基础功能模块，做到技术底座统一部署、用户身份统一验证、基础数据统一管理、重点服务统一提供、共性业务统一应用、标准体系统一构建。

A. 通用平台　　B. 服务平台

C. 普惠平台　　D. 职工平台

67. 关于统分结合，地方工会根据（　）运营需要，开发个性化功能模块，开展普惠活动等。

A. 本级平台　　B. 全国平台

C. 法律平台　　D. 统计平台

68. 连接资源，即全国总工会和地方工会在功能供给上坚持（　）、各方协同。

A. 开放共享　　B. 独立运营

C. 标准统一　　D. 突出特色

69.《全国工会网络安全和信息化“十四五”规划（2021—2025年）》作为全国工会“十四五”网信工作的顶层设计，前瞻性地提出（　），高起点擘画工作数字化和服务智能化的“两化协同”，系统性构建“大数据+”、“互联网+”、“云计算+”三大体系。

A. “以底层建设为关键要素”

B. “以技术创新为首要目标”

C. “以信息服务为核心优势”

D. “以数字驱动为核心引领”

70. 建成覆盖全国工会的智能一体化大数据系统，打造基于区块链技术的会员数字身份账户系统，建成标准统一的（　）。

A. 工会基础数据库　　B. 工会法律数据库

C. 工会保障数据库　　D. 工会统计数据库

71. 建成逻辑统一的职工服务平台，围绕就业服务、技能提升、法律援助、帮扶服务等重点网上服务应用，聚焦新就业形态劳动者权益保障，推进工会服务与政府政务服务、（　）的有机结合。

A. 企业市场服务　　B. 法律保障服务

C. 职工信息服务　　D. 职工维权服务

72. 建成全国工会系统业务管理和（　）办公平台，实现全国总工会本级重点业务应用整合，拓展延伸工会业务链条，实现全国工会系统跨层级、跨地域、跨产业、跨工作部门的网上工作协同。

A. 资料收集　　B. 数据统计

C. 信息维护　　D. 网上协同

73. 全面提升工会基础设施支撑能力，基本建成全量汇聚、科学集约、运行高效的信息（　）体系。

A. 基础设施和运行维护　　B. 资料数据和统计分析

C. 职工维权与服务保障　　D. 信息安全与信息储存

74. 落实（　），促进国产密码技术应用，建设网络安全态势感知平台，构建多层次、体系化、常态化的网络安全保障体系，强化工会业务重要数据和会员个人信息保护，实现工会系统网络安全整体防御能力的提升。

A. 国家劳动保障相关制度

B. 国家职工服务相关制度

C. 国家密码管理相关制度

D. 国家网络安全相关制度

75. 建立（　）机制，具备网络安全威胁发现、监测预警、应急指挥、攻击溯源能力，并作出安全防范措施和快速应急反应。制定安全保密管理办法，确定共享信息的安全级别、使用权限和保密期限，保障系统安全稳定运行。

A. 网络安全风险评估和审查

B. 网络应急指挥和管理体系

C. 网络信息共享和服务制度

D. 网络保密期限和权限管理

76. 建运一体模式实现了（　）的全方位工会服务能力提升，可以向领导提供科学、全面的决策支撑，为各业务部门提供准确、灵活的数据支持，为各省（区、市）做好数据开放和业务平台共享协同服务。

A. 从数据驱动到业务服务

B. 从安全管理到业务管理

C. 从技术支持到保障支持

D. 从数据管理到安全管理

77. 采用建运一体模式建设，要充分发挥政企合作的作用，包括（　）、委托第三方专业公司开展建设运营、以战略合作形式开展建设运营和与第三方公司合资成立联合平台四种组织实施路径。

A. 政府团队专业运营　　B. 自主开展建设运营

C. 职工自组织运营　　D. 政府与工会合作运营

78. 在推进智慧工会建设中，由于战略合作形式的松耦合特点，战略合作单位必须通过（　）流程确定合同关系才能开展实质性建运工作。

A. 政府招投标　　B. 前期调研

C. 市场分析　　D. 合同谈判

79. 在推进智慧工会建设中与加强第三方公司合资成立联合平台是指，通过指定下属单位联合社会企业合资组建联合平台，并授权联合平台为建设运营主体。联合平台能够实现（　）的互补，解决单一专业人员和运营经验不足的问题，同时能够培养自有团队，实现业务、技术、人员的资源优势最大化。

A. 业务优势和技术优势　B. 技术优势与组织保障

C. 信息优势与资源优势　D. 技术优势与人员优势

80. 社会企业参与智慧工会的投资、建设、运营，可以增加平台建设的（　），具有较强的经营活力和动力。

A. 技术化优势　B. 市场化导向

C. 规范化程度　D. 专业化水平

81. （　）是工会干部信息化能力建设的基础和起点。

A. 信息分析能力　B. 网络研判能力

C. 网络认知能力　D. 业务沟通能力

82. 各级工会干部要学习掌握应对网络舆论的技巧，在遇到突发事件时，及时抢占（　），引导网络舆论健康发展。

A. 网络舆论发声权　B. 网络舆论制高点

C. 网络舆论引爆点　D. 网络舆论风险点

83. 提升“大数据+”工会治理能力，要聚焦数据和应用，赋能各级工会，为加强工会精准服务、业务协同、宏观决策提供（　）支撑。

A. 政策和经费　　B. 技术和人员

C. 技术和经费　　D. 技术和数据

84. 建设全量透明、多态呈现的工会信息资源目录系统，按照（　）编制相关要求，推动各级工会因地制宜延伸和拓展工会信息资源目录。

A. 国家政务信息资源目录

B. 国家信息安全标准名录

C. 国家信息技术标准名录

D. 全国工会信息名录

85. 建设标准统一的工会系统数据开放共享系统，推动各级工会数据横纵贯通，全面汇聚会员、组织、业务、服务等工会基础数据，强化数据共享过程中的（　），提高采集校验能力和数据质量管理能力。

A. 数据确权、安全加密　　B. 技术安全、等保安全

C. 数据共享、数据质量　　D. 数据共享、数据安全

86. 构建工会系统数据开放共享体系，实现基础信息资源和（　）的集约化采集、网络化汇聚和统一化管理，有序衔接国家基础数据库和重大信息化工程。

A. 业务信息资源　　B. 基础技术资源

C. 业务经费保障　　D. 政策保障措施

87. 建设（　）支撑系统，为各类应用提供基于实名制数据的支撑，基于全国“工会身份链”统一提供数字身份账户服务，形成用户精准画像，进一步支撑分析研判与决策。

A. 信息化管理　　B. 实名制管理

C. 制度化管理　　D. 平台化管理

88. 构建覆盖工会系统的自主可控区块链应用服务平台，建设“工会身份链”，实现（　）、权责可界定的全生命周期管理。

A. 数据真实化　　B. 数据标准化

C. 数据可查阅　　D. 数据可追溯

89. 构建会员（　）唯一标识，推进各级工会逐级开展实名制会员数据的有序归集。探索数字身份数据管理，开展数据质量评价，提升数据治理能力。

A. 数字身份　　B. 数字名称

C. 数字资源　　D. 数字管理

90. 建成全国工会业务管理与网上协同办公平台，实现全国总工会本级重点业务应用整合，拓展延伸工会业务链条，实现全国工会系统跨层级、跨地域、跨产业、跨工作部门的（　）。

A. 网上经费协调　　B. 网上制度协调

C. 网上评估协调　　D. 网上工作协同

91. 创新职工普惠服务模式，推行普惠服务精准化，探索运营准入及监管机制，鼓励（　）。

A. 市场化参与　　B. 信息化建设

C. 法治化建设　　D. 一体化建设

92. 巩固发展工会网上舆论阵地，强化工会主流网络媒体发展和各级工会网站建设，推进工会媒体（　），加快融媒体云平台建设。

A. 深度融合　　B. 突出特色

C. 一体建设　　D. 网上建设

93.《全国工会网络安全和信息化“十四五”规划（2021—2025年）》提出，各级工会要充分利用互联网和电子政务网络，坚持标准统一、一体化推进，严格落实网络安全和数据安全法律法规、政策要求，构建（　）的信息基础设施。

A. 单独开发、单独标准　B. 互联互通、安全可控

C. 系统开源、全面共享　D. 独立建网、保障安全

94. 全国总工会要定期开展工会网上服务评价，总结推广各地好经验、好做法，畅通反馈机制，强化（　），提高网上服务指导性、实效性。

A. 技术支持　　B. 人员支持

C. 督查整改　　D. 经费保障

95. 建设先进的信息基础设施，全面提升工会基础设施支撑能力，基本建成全量汇聚、科学集约、运行高

效的信息基础设施，建成“工会云”、运维平台及灾备系统，巩固和提高工会信息基础设施（ ）。

A. 计算能力　　B. 分析能力

C. 灾备能力　　D. 支撑能力

96. 以基础设施和应用系统为重点，建设逻辑集中的统一运维平台，实现对数据资源汇聚、各类设备运行、信息系统状态的（ ），全面提升运维质量和效率。

A. 可视化动态监控　　B. 全部自行管理

C. 全面开源共享　　D. 全部更新换代

97. 全国总工会依据（ ），结合工会实际，充分吸收和借鉴国家标准和行业标准有关成果和经验，在工会已有标准体系的基础上，加强标准体系顶层设计，规范“大数据+”工会治理能力提升体系以及“互联网+”工会服务应用创新体系建设。

A. 国家行政区划代码规定

B. 国家电子政务标准体系框架

C. 全国工会组织体系

D. 各省（区、市）工会设置

98. 工会网信标准体系涵盖总体类、基础设施类、数据资源类、运行保障类和（　）。

A. 政策保障类　　B. 资金保障类

C. 普惠服务类　　D. 安全技术类

99. 贯彻实施国家网络安全等级保护制度和关键信息基础设施安全保护制度，按照等级保护和（　）的相关技术要求，积极应用国产密码保护、区块链验证等技术，对汇聚的数据资源进行分级分类保护。

A. 政策保护　　B. 技术保护

C. 法律保护　　D. 分级保护

100. 落实安全防护主体责任，要落实党中央网络安全决策部署，贯彻（　）及国家相关战略规划等，加强组织领导和规划部署，围绕机制体系、能力建设等方面，强化网络主管部门和业务运营单位的主体责任。

A.《工会法》

B.《劳动法》

C.《劳动争议调解仲裁法》

D.《网络安全法》

101. 掌握工会大数据底数和安全保护状况，积极应用国产密码保护、（　）等关键技术，建立并落实工会大数据和会员个人信息全生命周期安全保护制度。

A. 可信验证　　B. 短信验证

C. 密码验证　　D. 网络验证

102. 积极落实网络安全相关法律法规和制度标准，强化网络安全监测、态势感知、通报预警和（　）等重点工作，探索建立工会系统网络安全威胁情报共享机制，加强威胁情报收集，推进与网信、公安等部门的数据对接，加强协同联动，实现“常态化、全天候、全方位”的网络安全动态防护。

A. 应急处置　　　　B. 制度建设

C. 人员配置　　　　D. 经费保障

103. 在（　）的统一领导下，各级工会围绕《全国工会网络安全和信息化“十四五”规划（2021—2025年）》确定的目标任务，建立健全落实《规划》的支撑保障机制，坚持“一把手”亲自抓，加强统筹协调，明确网信部门和业务部门责任分工，科学安排重点工作，及时研究解决《规划》实施中的重大问题。

A. 全国总工会　　　　B. 省级工会

C. 市（区）级工会　　　　D. 县级工会

104. 健全完善考核评价机制，对照《全国工会网络安全和信息化“十四五”规划（2021—2025年）》目标任务，抓好过程管理和目标考核，逐级压实责任，充分发挥考核工作的督促引导和激励约束作用。建立行之有效的（　），杜绝盲目建设和重复投资，防控廉政风险。

A. 纪检机制　　B. 内控机制

C. 等保机制　　D. 运维机制

105. 完善信息化经费保障机制，加强信息化项目建设投资和（　）协同联动，为加快《全国工会网络安全和信息化“十四五”规划（2021—2025年）》落地提供必要支持。

A. 运维运营经费　　B. 制度体系建设

C. 人员配置方案　　D. 监督管理机制

106. 推进工会网络安全和信息化建设，鼓励地方各级工会充分争取财政支持，推动本地重点任务建设。加强对经费预算及使用的（　），提高资金使用效率。

A. 制度管理　　B. 绩效管理

C. 人员管理　　D. 过程管理

107. 鼓励各级工会在工会网络安全和信息化建设中因地制宜，充分发挥社会力量的专业优势，探索（　）建设、运维与运营新模式，降低建设与运行成本，提高专业化水平、服务质量和管理效率。

A. 行政化　　B. 市场化

C. 技术化　　D. 标准化

108. 标准是通过（　）活动，按照规定的程序，经协商一致制定，为各种活动或结果提供规则、指南或特性，供共同使用和重复使用的文件参考。

A. 市场化　　B. 标准化

C. 专业化　　D. 社会化

109. 按照标准化对象，可以将标准划分为（　）、过程标准、服务标准。

A. 政策标准　　B. 管理标准

C. 技术标准　　D. 产品标准

110. 按照（　）的功能，可以将标准划分为术语标准、符号标准、分类标准、试验标准、规范标准、规程标准、指南标准。

A. 标准技术　　B. 标准内容

C. 标准级别　　D. 标准政策

111. 规范标准，指为产品、过程或服务规定需要满足的要求并且描述用于判定该要求（ ）的证实方法的标准。

A. 是否受到约束　　B. 是否得到满足

C. 是否得到支持　　D. 是否获得配合

112. 规程标准，指为活动的过程规定明确的程序并且描述用于判定该程序是否得到履行的（ ）方法的标准。

A. 保障/监督　　B. 分析/评估

C. 量化/监督　　D. 追溯/证实

113. 指南标准，指以适当的背景知识提供某主题的普遍性、原则性、方向性的（ ），或者同时给出相关建议或信息的标准。

A. 监督　B. 考核　C. 指导　D. 保障

114. 中华人民共和国国家标准，是包括语编码系统的国家标准码，由在国际标准化组织（ISO）和国际电工委员会（或称国际电工协会，IEC）代表中华人民共和国的会员机构——（ ）发布。

A. 国家发展和改革委员会

B. 国家认证认可监督管理委员会

C. 国家标准化管理委员会

D. 国家安全委员会

115. 强制性国家标准的代号为“GB”，推荐性国家标准的代号为（ ）。

A. “GB/B”　　B. “GB/T”

C. “GB/R”　　D. “GB/H”

116. 电子政务是深化“放管服”改革和建设服务型政府的战略举措，也是政府部门提升管理能力的重要手段。（ ）是电子政务落实和推广的基础和前提，是整个电子政务发展的重要组成部分。

A. 制度化　　B. 标准化

C. 信息化　　D. 市场化

117. 为落实中共中央、国务院关于发展（ ）的决策部署，全面推进电子政务工作，2020 年 6 月 11

日，《国家电子政务标准体系建设指南》正式发布。

A. 电子政务　　B. 平台经济

C. 电子商务　　D. 智慧城市

118. 《国家电子政务标准体系建设指南》的建设目标，是按照（　）的原则，研制一批支撑政务信息资源开放共享、公共信息资源开发利用、业务协同、政务服务一体化、安全保障所需的基础性、关键性、共性标准。

A. “效率优先，兼顾公平”

B. “急用先行，循序渐进”

C. “技术为本，积极创新”

D. “注重基础，服务业务”

119. 《国家电子政务标准体系建设指南》中的（　）主要包括电子政务总体性、框架性、基础性的标准规范。

A. 总体标准　　B. 基础设施标准

C. 业务标准　　D. 服务标准

120. （　）用于统一电子政务相关概念，为其他电子政务标准的制定提供支撑。

A. 标准化指南　　B. 术语标准

C. 参考模型　　D. 数据标准

121. （　）规定电子政务总体要求，指导电子政务建设。

A. 标准化指南　　B. 服务标准

C. 参考模型　　D. 业务标准

122. （　）用于指导电子政务技术应用、政务信息系统设计等。

A. 服务标准　　B. 参考模型

C. 管理标准　　D. 业务标准

123. （　）包括政务硬件设施标准、政务软件设施标准和政务网络标准。

A. 基础设施标准　　B. 数据标准

C. 业务标准　　D. 服务标准

124. 政务硬件设施标准与政务软件设施标准聚焦于电子政务（ ）的集约化，对政务信息系统的基本要求、功能要求等基础性要求进行规范。

A. 信息管理系统　　B. 信息评估系统

C. 公共预算管理　　D. 公共基础设施

125. （ ）围绕电子政务网络建设中的技术、管理提出要求，指导电子政务网络、业务专网建设与运行。

A. 政务网络标准　　B. 政务硬件设施标准

C. 政务软件设施标准　　D. 政务管理标准

126. （ ）主要包括元数据、分类与编码、数据库、信息资源目录、数据格式、开放共享、开发利用、数据管理等标准。

A. 服务标准　　B. 数据标准

C. 业务标准　　D. 基础设施标准

127. 元数据标准、分类与编码标准、信息资源目录标准、数据格式标准作为电子政务数据标准的（ ）

标准，为各类电子政务数据库建设提供依据，为政务数据资源应用提供保障。

A. 基础类　　B. 服务类

C. 技术类　　D. 管理类

128. （　）主要包括业务流程、业务系统等标准。

A. 业务标准　　B. 服务标准

C. 技术标准　　D. 信息标准

129. （　）包括运维运营标准以及测试评估标准。

A. 服务标准　　B. 管理标准

C. 业务标准　　D. 基础设施标准

130. 全国总工会发布的总体框架类标准包括（　）和“十四五”全国总工会信息化建设工程术语。

A. 全国总工会信息化标准体系建设指南

B. 国家信息化建设标准化工作指南

C. 智慧工会管理信息化建设方案

D. 工会信息化建设实践路径

131. 全国总工会信息化（　）是指工会信息化建设所

需的总体性、通用性标准，包括术语标准、标准化工作指南、参考模型标准等，用于对标准体系作出总体指导。

A. 总体标准　　B. 服务标准

C. 业务标准　　D. 技术标准

132. 全国总工会信息化（　）用于统一全国总工会信息化工程建设过程中的相关概念，为其他标准的制定提供支撑，适用于业务人员和技术人员在业务描述、系统设计、软件开发、使用维护等方面对术语的内涵和外延获得准确一致的理解。

A. 服务标准　　B. 术语标准

C. 信息标准　　D. 技术标准

133. 全国总工会信息化（　）规定全国总工会信息化工程建设总体要求，用于指导信息化项目的管理和标准的研制。

A. 业务标准　　B. 标准化工作指南

C. 信息标准　　D. 技术标准

134. 全国总工会信息化（　）用于指导全国总工会信息化工程建设技术应用、政务信息系统设计等。

A. 技术标准　　B. 信息标准

C. 通用性标准　　D. 参考模型标准

135. 全国总工会信息化（　）用于规范全国总工会相关业务流程，指导业务有序开展。

A. 业务流程标准　　B. 服务标准

C. 信息标准　　D. 技术标准

136. 全国总工会信息化（　）对业务系统的设计、建设、管理和相关技术进行规范，实现业务流程的重组优化和规范化，支撑全国总工会业务信息化建设。

A. 业务流程标准　　B. 业务系统标准

C. 技术标准　　D. 信息标准

137. 全国总工会信息化（　）主要明确工会相关服务事项的要素设置、材料要求和服务流程，对身份认证等支撑组件的技术、数据、标识、接口等内容进行规范，支撑各类证照、档案等系统的规划、设计、开发和利用。

A. 服务应用标准　　B. 服务基础标准

C. 业务流程标准　　D. 技术标准

138. 全国总工会信息化（　）主要对工会服务平台、移动端以及应用所需的通用支撑组件等进行规范。

A. 服务应用标准　　B. 服务基础标准

C. 业务流程标准　　D. 信息标准

139. 全国总工会信息化（　）主要包括元数据、分类与编码、数据库、信息资源目录、开放共享、数据管理等标准。

A. 业务流程标准　　B. 服务应用标准

C. 数据资源标准　　D. 服务基础标准

140. 全国总工会信息化（　）包括软件基础设施、硬件基础设施和网络互联基础设施标准，用于指导基础设施的规划与建设。

A. 基础设施标准　　B. 业务流程标准

C. 服务基础标准　　　　D. 技术标准

141. 全国总工会信息化（　）以采用现有信息技术服务支撑标准为主，主要用于规范全国总工会信息化工程建设的运维运营服务，保障全国总工会服务平台的平稳运行。

A. 业务流程标准　　　　B. 服务设施标准

C. 运维运营标准　　　　D. 服务基础标准

142. 全国总工会信息化（　）包含测试标准与评价评估标准，测试标准主要对数据资源质量、信息系统进行测试评估，强化数据治理、提升数据质量。

A. 测试评估标准　　　　B. 运维运营标准

C. 服务基础标准　　　　D. 业务流程标准

143. 全国总工会信息化（　）针对全国总工会信息化工程系统建设与运行安全管理、关键信息基础设施安全保护、数据安全管理等，以采用现有关键信息基础设施安全保护、数据安全管理和个人信息保护等标准为主。

A. 安全管理标准　　　　B. 安全技术标准

C. 安全产品和服务标准　D. 服务基础标准

144. 全国总工会信息化（　）以采用现有网络安全技术标准为主，包括密码技术、数据安全技术、身份认证等标准。

A. 安全管理标准　　　　B. 安全技术标准

C. 安全产品和服务标准　D. 业务流程标准

145. 全国总工会信息化（　）针对现有工会服务平台等业务系统涉及的安全产品和服务，以采用现有信息安全产品服务技术要求和测评规范类标准为主。

A. 安全管理标准　　　　B. 安全技术标准

C. 安全产品和服务标准　D. 服务基础标准

146. “十四五”全国总工会信息化建设工程术语规定了“十四五”时期全国总工会信息化建设工程中的相关业务术语，主要包括（　）以及信息化工作术语两大类。

A. 业务工作术语　　B. 技术指标术语

C. 信息维护术语　　D. 质量评估术语

147. （　）包括计算资源、存储资源等服务资源，软件设施包括数据库、中间件、区块链等通用支撑软件的建设内容要求。

A. 硬件基础设施　　B. 网络基础设施

C. 业务基础设施　　D. 信息基础设施

148. （　）标准是指工会相关数据传输交换过程中所涉及的电子政务外网、互联网及其他网络的基础要求内容的标准。

A. 硬件基础设施

B. 网络基础设施

C. 业务基础设施

D. 工会网络互联基础设施

149. （　）用于规范全国总工会相关业务流程，指导业务有序开展。

A. 工会业务流程标准　　B. 工会业务系统标准

C. 工会安全管理标准　　D. 工会服务应用标准

150. （　）对全国总工会业务系统的设计、建设、管理和相关技术进行规范，实现业务流程的重组优化和规范化，支撑全国总工会业务信息化建设。

A. 工会业务流程标准　　B. 工会业务系统标准

C. 工会服务基础标准　　D. 工会安全技术标准

151. 全国总工会共发布数据类标准四项，分别是信息资源分类及编码要求、信息资源目录核心元数据标准、（　）、全国总工会数据全生命周期管理要求。

A. 工会数据交换共享数据集

B. 工会信息技术保障系统

C. 工会网上工作评估体系

D. 工会会员管理技术标准

152. （　）作为数据资源标准的基础类标准，规定了全国总工会信息资源的分类与编码要求等内容，适用于全国总工会信息资源的采集、整理、加工、使用、共享等全生命周期的管理，为各类数据库建设提供依据，为数据资源应用提供保障。

A. 信息资源分类及编码要求

B. 信息资源目录核心元数据标准

C. 工会数据交换共享数据集

D. 全国总工会数据全生命周期管理要求

153. （ ）主要包括信息资源分类原则与方法、信息资源分类与编码以及维护规则。

A. 信息资源分类及编码要求

B. 信息资源目录核心元数据标准

C. 工会数据交换共享数据集

D. 全国总工会数据全生命周期管理要求

154. 工会信息资源目录（ ）主要包括基层会员、基层组织等主题库标准，规定了工会信息资源目录的核心元数据、元数据扩展原则与方式。

A. 信息技术保障系统　　B. 核心元数据标准

C. 服务基础标准　　D. 业务流程标准

155. 工会核心元数据由（　）个元数据元素和 6 个元数据实体组成，可用于工会信息资源的描述、编目、元数据建库及数据交换。

A. 20　　B. 15　　C. 10　　D. 5

156. （　）规定了全国总工会工会应用系统之间共享交换的数据集的描述方法、描述属性要求、数据集数据元属性，给出了全国总工会工会平台的共享交换数据集。

A. 工会数据交换共享数据集

B. 工会信息等保数据集

C. 工会会员实名制管理系统

D. 工会业务流程标准

157. 全国总工会数据管理在服务过程中要着重开展（　）和数据交换共享，同时数据质量管理贯穿整个环节。

A. 数据目录管理　　B. 数据流程管理

C. 业务流程管理　　D. 数据安全管理

158. 全国总工会运维类标准中的（　）要求规定了运维服务内容、物理环境运维、硬件运维等要求。

A. 基础设施运维　　B. 软件运维

C. 安全运维　　D. 运维规程

159. 元数据、分类与编码等标准作为数据资源标准的（　）标准，为各类数据库建设提供依据，为数据资源应用提供保障。

A. 基础类　　B. 服务类

C. 技术类　　D. 管理类

160. 运维类标准包括运维运营标准以及测试评估标准。全国总工会运维类标准主要是工会服务平台（　）要求。

A. 制度保障　　B. 人员保障

C. 等保保障　　D. 运维保障

161. 全国总工会运维类标准以采用（　）为主，主要用于规范全国总工会信息化工程建设的运维运营服务，保障全国总工会服务平台的平稳运行。

A. 现有信息技术服务支撑标准

B. 自主开发信息技术标准

C. 第三方开发信息技术标准

D. 最新开发信息技术标准

162. 全国总工会运维类标准中的（　）要求规定了软件设计阶段、交付阶段、运行维护阶段以及数据运行维护、变更管理规范、信息系统迁移等要求。

A. 基础设施运维　　B. 软件运维

C. 安全运维　　D. 运维规程

163. （　）针对全国总工会信息化工程系统建设与运行安全管理、关键信息基础设施安全保护、数据安全管理等，以采用现有关键信息基础设施安全保护、数据安全管理和个人信息保护等标准为主。

A. 信息安全管理规范

B. “云脑”平台安全防护技术要求

C. 平台运维管理规范

D. 业务人员操作规范

164. 全国总工会运维类标准中的（　）包含资产管理、日志管理、访问控制、密码管理、漏洞管理、备份以及安全事件管理及响应等要求。

A. 基础设施运维　　B. 软件运维

C. 安全运维　　D. 运维规程

165. 全国总工会安全类标准包括信息安全管理规范及（　）。

A. “云脑”平台安全防护技术要求

B. 产品信息管理规范

C. 平台运维管理规范

D. 业务人员操作规范

166. （　）包括平台分区分域、统一权限控制以及数据访问审核要求。

A. 信息安全防护通用要求

B. 边界防护

C. 访问控制和授权管理要求

D. 数据防护要求

167. （ ）以采用现有网络安全技术标准为主，包括密码技术、数据安全技术、身份认证等标准。

A. 信息安全管理规范

B. “云脑”平台安全防护技术要求

C. 平台运维管理规范

D. 业务人员操作规范

168. （ ）针对现有工会服务平台等业务系统涉及的安全产品和服务，以采用现有信息安全产品服务技术要求和测评规范类标准为主。

A. 安全产品和服务标准 B. 信息安全管理规范

C. 平台运维管理规范 D. 业务人员操作规范

169. （ ）规定了全国总工会“云脑”平台的安全防护建设要求，包括边界防护要求、访问控制和授权管理要求、操作审计要求、数据防护要求等。

A. 平台运维管理规范

B. “云脑”平台安全防护技术要求

C. 自主开发信息技术标准

D. 工会会员管理技术标准

170. （ ）包含了用户操作、管理运维以及异常行为的审计要求。

A. 信息安全防护通用要求

B. 边界防护要求

C. 数据防护要求

D. 操作审计要求

171. （ ）包含了基本安全、访问控制、管理要求。

A. 信息安全防护通用要求

B. 边界防护要求

C. 访问控制和授权管理要求

D. 数据防护要求

172. （ ）包含边界访问控制、接入身份认证以及边界入侵防护要求。

A. 信息安全防护通用要求

B. 边界防护要求

C. 访问控制和授权管理要求

D. 数据防护要求

173. （ ）包含了存储数据加密、传输数据加密、外发数据脱密以及外发数据检查要求。

A. 信息安全防护通用要求

B. 边界防护要求

C. 数据防护要求

D. 操作审计要求

174. 2023 年 3 月，中国互联网络信息中心（CNNIC）发布第 51 次《中国互联网络发展状况统计报告》。报告显示，截至 2022 年 12 月，我国网民规模达（ ）亿人。

A. 10.55　B. 10.67　C. 11.23　D. 11.54

175. 《国务院办公厅关于在政务公开工作中进一步做好政务舆情回应的通知》明确指出，（ ）是第一责任主体。

A. 地方政府　B. 地方工会

C. 首问部门　D. 涉事责任部门

176. 我国第一部全面规范网络空间安全管理方面问题的基础性法律是（　）。

A.《网络安全法》　　B.《密码法》

C.《数据安全法》　　D.《个人信息保护法》

177.《网络安全法》强调，在（　）的基础上，对关键信息基础设施实行重点保护。

A. 网络安全等级保护制度

B. 网络信息技术管理制度

C. 网络开发经费管理制度

D. 网络人员培训管理制度

178.（　）是指采用特定变换的方法对信息等进行加密保护、安全认证的技术、产品和服务。

A. 信息　B. 密码　C. 技术　D. 数据

179.（　）对全国密码工作实行统一领导，制定国家密码工作重大方针政策，统筹协调国家密码重大事项和重要工作，推进国家密码法治建设。

A. 中央密码工作领导机构

B. 国家密码管理部门

C. 省级密码管理部门

D. 县级密码管理部门

180. 根据国家法律规定，不属于国家秘密的密码是（　）。

A. 核心密码　　B. 普通密码

C. 商用密码　　D. 原始密码

181. 《个人信息保护法》要求，只有在具有特定的目的和充分的必要性，并采取严格保护措施的情形下，方可处理敏感（　），同时应当事前进行影响评估，并向个人告知处理的必要性以及对个人权益的影响。

A. 国家信息　　B. 社会信息

C. 单位信息　　D. 个人信息

182. 提供 Web 页面服务和电子邮件服务的应用系统需要重点加强对（　）的防护。

A. 源文件　　B. 开源平台

C. 等保代码　　D. 恶意代码

183. 网络安全检查的内容应以（　）国家标准为基础，结合主管单位和责任单位的安全管理和安全技术的需要，制定符合自身系统特点、技术上可行的安全检查内容。

A. 等保基本要求　　B. 软件开发

C. 运维服务　　D. 软件测评

184. （　）是指以按需自助获取、管理资源的方式，通过网络访问可扩展的、灵活的物理或虚拟共享资源池的模式。

A. 大数据　　B. 云计算

C. 互联网　　D. 物联网

185. （　）是指具有体量巨大、来源多样、生成极快且多变等特征，难以用传统数据体系结构有效处理的包含大量数据集的数据。

A. 大数据　　B. 云计算

C. 互联网　　D. 物联网

186. （　）是指采用无线通信技术将移动终端接入有线网络的过程。

A. 移动互联　　B. “大数据+”

C. “云计算+”　　D. “信息化+”

187. 要打造基于区块链技术的会员数字身份账户系统，建成标准统一的（　），实现工会数据资源的共享整合，聚焦数据和应用，向各级工会赋能，为加强工会精准服务、业务协同、宏观决策提供技术和数据支撑。

A. 工会基础数据库　　B. 工会法律数据库

C. 工会就业数据库　　D. 工会服务数据库

188. 工会系统将构建以（　）为基础的去中心化会员数字身份平台，为职工、会员提供可信、统一的数字身份，奠定智慧工会基础，从而实现工会服务智能化、精准化水平的有效提高。

A. 基础数据库　　B. 实名制数据库

C. 法律数据库　　D. 帮扶数据库

189. 科学决策是现代管理的核心，决策是决定管理工作成败的关键。经验型决策与数据型决策的本质区别在于（　）的不同。

A. 决策内容　　B. 决策目标

C. 决策偏好　　D. 方式方法

190. 《中共中央关于制定国民经济和社会发展第十四个五年规划和二〇三五年远景目标的建议》明确指出，推进（　），实施全媒体传播工程，做强新型主流媒体，建强用好县级融媒体中心。

A. 媒体数字发展　　B. 媒体综合发展

C. 媒体深度融合　　D. 媒体内容建设

191. 智慧工会工作整体可分为建设、运维、（　）三个部分。这三个部分的工作在现实中或依次推进，或同步开展，或交叉进行，三者缺一不可、相互影响。

A. 运营　B. 管理　C. 开发　D. 融合

192. （　）与体制机制的双向赋能是智慧工会建设的

重要保障。健全良好的体制机制和标准规范能够为智慧工会的长久发展保驾护航，为顺利推进工会数字化转型奠定基础。

A. 组织领导　　B. 融合发展

C. 数字技术　　D. 人员保障

193. （　）是智慧工会各项工作标准化的顶层设计，可以为智慧工会建设发挥支撑性、引领性作用。

A. 政策法规　　B. 标准规范

C. 保障制度　　D. 评估标准

194. 2021 年 11 月，中央网络安全和信息化委员会正式发布的（　）提出，提升领导干部和公务员数字治理能力。

A.《中华人民共和国国民经济和社会发展第十四个五年规划和 2035 年远景目标纲要》

B.《提升全民数字素养与行动技能纲要》

C.《文化数字化发展纲要》

D.《数字经济发展规划纲要》

195. 中国信息通信研究院的《中国数字经济发展报告（2022年）》显示，2021年中国数字经济规模达到（　）万亿元，占GDP的39.8%，数字经济的地位和作用越发凸显。

A. 46.3　　B. 45.5　　C. 45.3　　D. 44.8

196. 2021年3月，《中华人民共和国国民经济和社会发展第十四个五年规划和2035年远景目标纲要》提出，（　），推动政务信息化共建共用，提高数字化政务服务效能。

A. 加强公共数据开放共享

B. 促进信息资源共享

C. 加快应对数字化转型

D. 加强人才队伍建设

197. 2021年10月，全国总工会印发的《全国工会网络安全和信息化"十四五"规划（2021—2025年）》提出，以（　）为核心引领，深入推进工会治理数字化、服务智能化协同发展，构建"大数据+"

工会治理能力提升体系、“互联网+”工会服务应用创新体系、“云计算+”工会网信基础支撑体系。

A. 数字驱动　　B. 智慧工会

C. 网上工会　　D. 职工普惠

198. 数据的（　）是工会数字生态的核心，要释放工会数据的经济价值和社会价值，激发市场活力和社会创造力，加大各级工会公开和提供数据的力度，有序推动工会数据开发利用。

A. 开发利用　　B. 安全储存

C. 收集整理　　D. 综合分析

199.《中共中央关于坚持和完善中国特色社会主义制度　推进国家治理体系和治理能力现代化若干重大问题的决定》提出，建立健全运用互联网、大数据、人工智能等技术手段进行行政管理的制度规则，推进（　）建设。

A. 数字政府　　B. 电子政府

C. 数字工会　　D. 智能工会

200. 坚持全国工会系统“一盘棋”统筹考虑，实现一体化建设与均衡化发展，秉持“全国一体、统分结合、（　）、协同贯通”的思路，打造数字工会建设的整体联动体系，确保工会网上工作全面协调可持续健康发展。

A. 一体开发　　B. 系统集成

C. 融合发展　　D. 发展创新

多项选择题

扫码闯关答题

1. 互联网的应用，推动了人类社会（ ）、生活方式的巨变，极大地提升了人类认识世界和改造世界的能力。

A. 生产方式的变革　　B. 生产关系的再造

C. 经济结构的重组　　D. 人际关系的重构

2. 自 20 世纪 90 年代以来，一场以（ ）为代表的新信息技术革命在全世界产生了重大影响，深刻地改变了全人类的社会形态、面貌和运行机制。

A. 网络　　B. 大数据

C. 人工智能　　D. 生物科技

3. 当前，信息技术创新仍处于活跃期，（ ）等新一轮信息技术创新应用取得重大突破并向深层发展。

A. 人工智能　　B. 大数据

C. 计算机　　　　D. 云计算

4. 信息技术发展的总趋势是从典型的技术驱动发展模式向应用驱动与技术驱动相结合的模式转变，具有高速大容量、综合集成、（　）等特点。

A. 商业化　　　　B. 数字化

C. 智能化　　　　D. 网络化

5. 信息革命对人类社会的生产方式、生产关系、经济结构、生活方式等产生了深刻影响，并主要表现为（　）等。

A. 数据资源成为“新生产要素”

B. 信息技术领域成为“新创新高地”

C. 数字经济成为“新经济引擎”

D. 信息化成为“新治理手段”

6. 《数字中国建设整体布局规划》指出，全面提升数字中国建设的（　），促进数字经济和实体经济深度融合，以数字化驱动生产生活和治理方式变革。

A. 整体性　　　　B. 系统性

C. 协同性　　D. 包容性

7. 随着我国进入新发展阶段，工运事业和工会工作站在新的历史起点上，加快智慧工会建设面临新机遇和新挑战，主要体现为（　）。

A. 国际国内复杂多变的新形势为工会网上工作带来新挑战

B. 数字技术、信息技术迅猛发展的新趋势为工会网上工作带来新机遇

C. 职工队伍和劳动关系新变化为工会网上工作带来新任务

D. 工会工作高质量发展的新方向为工会网上工作带来新要求

8. 随着数字经济、平台经济等产业加快发展，我国职工队伍规模不断扩大，特别是以（　）等为代表的新就业形态劳动者群体大量涌现，成为我国职工队伍的新生力量。

A. 货车司机　　B. 网约车司机

C. 快递员　　　　　　　　　D. 外卖配送员

9. 新就业形态劳动者群体的劳动关系、就业方式发生了深刻变化，具有（　）等特点。

A. 组织方式平台化

B. 工作机会互联网化

C. 工作时间碎片化

D. 就业契约去劳动关系化

10. 随着社会利益格局、社会组织形式、职工思想观念的变化，以及科技发展带来信息传播方式的变化等新情况，职工群众的工作、生活诉求呈现更加广泛和深化的新特点，其主要体现为（　）。

A. 职工意识观念改变，职工群众工作相对滞后

B. 经济利益多元化，职工群众追求更高价值体现

C. 职工群体呈现开放性和独立性趋势，职工期望和要求更加务实

D. 经济条件越来越好，职工的需求都得到了满足

11. 进入新时代，我国出台了（　）等多个指导网信事

业发展的文件。

A.《国务院关于积极推进“互联网+”行动的指导意见》

B.《国家信息化发展战略纲要》

C.《网络强国战略实施纲要》

D.《数字经济发展战略纲要》

12.《全国工会网络安全和信息化“十四五”规划（2021—2025年）》，强调要形成（　）的发展格局。

A.“一个引领”　　B.“两化协同”

C.“三大体系”　　D.“四方协同”

13. 强化全国工会“互联网+”工会顶层设计，要加强通用平台建设，推进上下级工会组织间互联互通，逐步形成（　）线上线下有机结合的工会网上工作体系。

A. 全总主导　　B. 地方跟进

C. 产业参与　　D. 协同互动

14. 2019 年 4 月 11 日，全国人大常委会副委员长、中华全国总工会主席王东明在湖北省工会工作座谈会上首次就智慧工会建设作出比较系统的阐述：（ ）推动工会组织工作上网、服务上网、活动上网。

A. 加强工会网络平台的建设

B. 打造新型传播平台

C. 建成新型主流媒体

D. 占领短视频阵地

15. 一些地方工会未能高水平构建网上工作规划并有效实施，其原因主要包括对网上工作关键核心问题领会不准 （ ）等。

A. 对网上工作主要任务把握不全

B. 对从事网上工作应该掌握的互联网和现代信息技术知识掌握不足

C. 对工会网上建设和运行缺少经验

D. 没有足够的资金资源和人力支撑网上工会的建设和运行

16. 相对于“以建为主、建运分离”的传统发展模式，“建运一体、长效运营”的创新模式可以更加有效地保障信息化系统正常运转所需的（　）等持续投入。

A. 资金　　B. 人员

C. 服务　　D. 政策

17. 通过建运一体模式，可以实现全国总工会从数据驱动到业务服务，全方位提升工会服务能力，（　）。

A. 为党中央提供科学、全面的工会数据决策支撑

B. 为全国总工会各业务部门提供准确、灵活的工会数据服务支持

C. 为各省（区、市）总工会做好数据开放和业务平台共享协同服务

D. 为广大职工群众提供媒体宣传、就业服务、技能提升、法律维权、帮扶服务、文化服务等工会服务

18. 要通过落实服务好“十四五”期间全国总工会信息

化建设实施目标，实现（　）。

A. 数字化治理水平更现代

B. 网上服务职工更精准

C. 工会协同办公更便捷

D. 信息基础设施更先进

E. 数据资源应用更有效

F. 网络和数据安全保障更有力

19. 建成以保障全国总工会信息化工程稳定运行为基础，以适应工会服务长效运营为导向的（　）的集中管控运行维护体系，实现对全国总工会信息化工程平台系统运行状态的全面监控和运行问题的及时处理。

A. 规范化　　B. 标准化

C. 制度化　　D. 智能化

20. 以工会数据运营为目标，加快形成以（　）为理念的工会现代化治理模式。

A. 数据决策　　B. 数据服务

C. 数据创新　　D. 数据保障

21. 在推进智慧工会过程中，立足长期共赢基础之上的战略合作形式，相较于依赖法律约束的委托公司或合资公司，具有（　）等优势。

A. 成本低廉　　B. 合作灵活

C. 机动性强　　D. 形式多样

22. 联合平台在信息化建设运营方面具有（　）等优势。

A. 业务与技术优势互补

B. 人员与经验有效补足

C. 市场活力增强

D. 快速形成自主可控的人才团队

23. 主动适应信息化要求，强化互联网思维，（　），是广大工会干部适应新时期社会发展的必备能力。

A. 提高对互联网信息发展规律的掌握能力

B. 增强对网络舆情的引导能力和化解能力

C. 掌握熟练的互联网技术操作技能

D. 成为工会互联网应用法律专业人才

24. 以工会干部能力建设为重点，不断提升工会干部网络运用能力，其主要是指（　）。

A. 增强学网用网的本领

B. 增强以网络思维推动改革创新的本领

C. 增强应对网络舆情的本领

D. 增强获取工会信息的本领

25. 各级工会干部要学习掌握应对网络舆论的技巧，做到（　）。

A. 网络回应要及时　　B. 网络回应要真实

C. 网络回应要准确　　D. 网络回应要隆重

26. 把握网络发展趋势，加强工会干部善用网络引领能力建设。各级工会干部要强化对网络运行规律的学习，把握网络发展大势，积极运用网络开展工会工作。其主要包括：（　）。

A. 增强网络舆情意识，提高网络舆情研判能力

B. 搭建网络平台，传递工会声音

C. 支持工会干部积极评论，引领舆论

D. 不理会网络声音，做好自己本职工作

27. 建设逻辑统一、统筹管理、按需赋能、社会参与的工会智能数字“云脑”，为各级工会提供（　）的智能化平台。

A. 管理数据资产　　B. 提升技术能力

C. 增强法治水平　　D. 强化工会职责

28. 完善数据和应用的接入与管理，打通“数据孤岛”，实现上下贯通，切实提高工会系统（　）。

A. 政策分析能力　　B. 数据融合能力

C. 应用拓展能力　　D. 维权保障能力

29. 建设大数据分析研判系统，大力提高就业服务、技能培训、帮扶服务、法律服务、文化服务等重点业务数据挖掘分析能力，强化对工会业务的动态跟踪，实现（　）。

A. 工作制度化　　B. 研判精细化

C. 决策科学化　　D. 执行可视化

30. 构建上下联动的“云脑”应用市场。统一提供应用“工具包”，对接既有应用，按需申请研发，提升拓展工会应用功能，实现工会体系内（　）。

A. 共建共享　　B. 集约高效

C. 统一开发　　D. 专项管理

31. 鼓励各级工会建设复用价值高、通用程度高的应用，建立遴选及推广机制，广泛吸纳各级工会优质应用，培育具有（　）的工会“云脑”应用市场。

A. 开放性　　B. 成长性

C. 包容性　　D. 单一性

32. 建成逻辑统一的全国工会服务平台，围绕就业服务、技能提升、法律服务职工帮扶等重点网上服务应用，聚焦新就业形态劳动者权益保障，推进工会职工服务与（　）的有机结合，实现工会网上服务的常态化、普惠化、精准化，促进服务资源系统化配置，服务效能集约化输出。

A. 政府政务服务　　B. 企业市场服务

C. 平台企业服务　　D. 职工自主服务

33. 以（　）为重点，完善网上服务内容，拓宽网上服务渠道，拓展各类移动应用，加快网上服务数字化、智能化转型，为职工提供全天候、全覆盖、全链条的网上服务。

A. 就业服务　　B. 技能提升

C. 法律服务　　D. 文化服务

34. 全国总工会要围绕工会重点业务，积极制定科学、客观、实用的工会网上服务评价指标，促进构建工会网上服务评价体系，其主要包括（　）。

A. 制定工会网上服务规范

B. 制定工会网上服务评价指标

C. 制定工会网上服务补贴制度

D. 制定工会网上服务奖惩制度

35. 制定工会系统数据开放共享、信息系统接口等标准，编制工会数据资源开放共享管理办法，明确工会数据（　）等内容，完善工会系统数据资产管理、数据资源库建设及运行管理、数据共享调度管理等规范。

A. 开放共享范围　　B. 监督管理

C. 法律责任　　D. 资产设备

36. 强化网络（　）等工作，加强协同联动，实现“常态化、全天候”的网络安全动态防护，切实提升全国总工会网络安全整体防御能力和水平。

A. 安全监测　　B. 态势感知

C. 通报预警　　D. 应急处置

37. 落实安全防护主体责任，要按照安全防护措施（　）的要求，加强管理、技术、业务、运营等工作，将网络安全工作贯穿信息化全生命周期，确保网络安全制度、策略、措施落地生根。

A. 同步规划　　B. 同步建设

C. 同步使用　　D. 同步补贴

38. 建立《全国工会网络安全和信息化“十四五”规划（2021—2025 年）》落实情况的督促检查和工作通

报制度，适时对目标任务完成情况开展督导评估和第三方评测，对（　）等进行通报，增强《规划》落实的系统性和实效性。

A. 工作进展情况　　B. 典型做法经验

C. 网络安全落实情况　　D. 人员保障办法

39. 通过人才引进和培养相结合的方式，配齐配强网络工作部门的人才支撑。加大对工会干部的培养力度，打造一支（　），具备互联网思维模式的工会信息化综合人才队伍。

A. 讲政治　　B. 精业务

C. 懂技术　　D. 有编制

40. 强化工会网络安全和信息化建设人才队伍，建立专家咨询机制，为（　）提供咨询服务和指导。

A. 重大决策　　B. 政策实施

C. 重大项目建设　　D. 考勤管理

41. 《国家电子政务标准体系建设指南》指出，要认真落实中共中央、国务院关于全面推进电子政务的决策部署，推动电子政务标准化发展，（　），增强电子政务标准化服务能力。

A. 优化电子政务标准体系

B. 完善电子政务标准

C. 突破关键技术标准

D. 强化标准实施与监督

42. 根据《国家电子政务标准体系建设指南》有关规定，电子政务标准体系框架由总体标准、基础设施标准、（　）、安全标准组成。

A. 数据标准　　B. 业务标准

C. 服务标准　　D. 管理标准

43. 全国总工会高度重视网信工作标准化工作的顶层设计，进一步完善工作机制，强化工会网信标准体系建设，制定并发布工会（　），持续完善工会网信标准体系。

A. 总体框架标准　　B. 基础设施标准

C. 业务标准　　D. 数据标准

44. 政务服务应用标准主要对政务服务平台、政务服务移动端、政务服务自助终端等进行规范，支撑（　）等电子政务服务应用。

A. “互联网+政务服务”　B. “互联网+监管”

C. “互联网+技术支持”　D. “互联网+评估”

45. “十四五”全国总工会信息化建设工程术语规定了“十四五”时期全国总工会信息化建设工程中的相关业务术语，其中信息化工作术语包含信息化工作中常用的（　）等方面涉及的术语。

A. 应用　B. 信息　C. 安全　D. 研发

46. 工会数据交换共享数据集主要明确信息资源开放共享的（　）等，支撑建立高效安全的全国总工会信息资源交换体系。

A. 数据要求　B. 技术要求

C. 管理要求　D. 资金要求

47. 工会数据交换共享数据集给出了全国总工会工会平台的共享交换数据集，主要内容包含（　）。

A. 数据集类型与描述规则

B. 工会会员业务数据集

C. 工会单位业务数据集

D. 工会网络信息安全制度

48. 工会会员业务数据集集中涉及各工会会员的基本情况，如（　）等信息。

A. 个人学历　　　　B. 工作情况

C. 专业技术　　　　D. 学术成果

E. 获奖情况

49. 工会单位业务数据集包括工会单位的（　）以及工会组织的基本信息、资质信息、五一劳动奖、工人先锋号等信息。

A. 基本情况　　　　B. 人员结构

C. 国家职业资格结构　　D. 社会保险

50. 全国总工会数据全生命周期管理要求围绕数据使用全过程，从（　）等方面进行规范。

A. 数据管理能力　　B. 数据服务管理

C. 个人信息管理　　D. 数据质量管理

51. 全国总工会数据管理的全生命周期阶段分别是（　）。

A. 采集　　B. 传输　　C. 存储　　D. 处理

E. 服务　　F. 退役

52. 开放共享标准主要明确信息资源开放共享的（　）等，支撑建立高效安全的全国总工会信息资源交换体系。

A. 数据要求　　B. 技术要求

C. 管理要求　　D. 服务要求

53. 数据管理标准围绕数据使用全过程，从（　）等方面进行规范。

A. 数据管理能力　　B. 数据服务管理

C. 个人信息管理　　D. 数据质量管理

54. 全国总工会运维类标准规定了工会服务平台的（　）等内容。

A. 基础设施运维　　B. 软件运维

C. 安全运维　　D. 运维规程

55. 安全类标准涉及（　）等标准。

A. 安全管理　　B. 安全技术

C. 安全产品和服务　　D. 人员激励

56. “云脑”平台安全防护技术要求以采用现有网络安全技术标准为主，包括（　）等标准。

A. 密码技术　　B. 数据安全技术

C. 身份认证　　D. 人员

57. 网上舆论的形成一般会经历的阶段包括（　）。

A. 问题出现　　B. 社会讨论

C. 合意达成　　D. 社会调查

58. 网上舆论的发展周期包括（　）。

A. 发布　　B. 酝酿　　C. 爆发　　D. 减弱

59. 面对互联网蓬勃发展的潮流和趋势，进一步加快工会网上舆论建设非常重要、非常迫切。加快工会网上舆论阵地建设的重要意义体现在（　）。

A. 加强工会网上舆论建设是更好地组织职工的需要

B. 加强工会网上舆论建设是更好地服务职工的需要

C. 加强工会网上舆论建设是更好地凝聚职工的需要

D. 加强工会网上舆论建设是方便工会干部开展工作的需要

60. 近年来，各级工会高度重视网上舆论工作，把工会网上宣传和舆论引导工作摆在重要位置来抓，在（　）等方面做了大量工作。

A. 理论武装　　　　B. 典型选树

C. 品牌打造　　　　D. 阵地建设

E. 职工网络文化

61. 为贯彻落实中共中央办公厅、国务院办公厅《关于加强和改进新时代产业工人队伍思想政治工作的意见》，各级工会出台实施方案或具体举措。全国总工会制定或修订的文件包括（　）。

A.《关于加强和改进工会新闻舆论工作的意见》

B.《关于加强新时代职工文化建设的指导意见》

C.《全国职工素质建设工程五年规划（2021—2025年）》

D.《全总党组贯彻落实〈党委（党组）意识形态工作责任制实施办法〉实施细则》

62. 随着经济社会快速发展，社会主要矛盾发生变化，我国职工队伍结构深刻调整，在利益诉求、价值取向、思想观念上呈现多元多样多变的新特征，给新时代工会网上舆论工作带来新的挑战。其主要包括（　）。

A. 我国发展面临的国内外环境日益复杂，统一思想、凝聚力量的任务更重

B. 社会主要矛盾深刻变化，理顺情绪、化解矛盾的任务更重

C. 科技革命迅猛发展，把正方向、引领思想的任务更重

D. 工会网上舆论自身建设仍有待提升

63. 做好工会网上工作，要强化“工”字特色的网上内容建设。其主要包括（　）。

A. 加强职工思想政治引领

B. 壮大工会主流舆论

C. 打造职工群众喜闻乐见的话语表达体系

D. 发出工会组织和职工群众的正能量、好声音

64. 立足新时代新征程，实现工会网上舆论工作高质量发展，必须坚持正确（　），牢牢把握为实现中华民族伟大复兴的中国梦而奋斗的工运时代主题。

A. 政治方向　　B. 舆论导向

C. 价值取向　　D. 技术方向

65. 随着互联网普及率的不断提高，网络舆情对政治生活秩序和社会稳定的影响与日俱增。网络舆情的特点主要包括（　）。

A. 突发性和不可控性　　B. 非理性和群体极化性

C. 多元性和复杂性　　D. 原创性和先进性

66. 劳动领域网络舆情既是职工群众所思所想在网络

空间的映射，也是职工群众的生产生活境遇的间接表现。劳动领域负面网络舆情更是突出反映了职工群众关注的热点问题，是当前工会工作必须重视和认真研究的课题。劳动领域负面网络舆情的特征包括（　）。

A. 劳资纠纷是负面网络舆情最常见的触发因素

B. 负面网络舆情可能与事实有较大偏差

C. 往往来自线下且易走向线下

D. 负面网络舆情往往结束得快

67. 《国务院办公厅关于在政务公开工作中进一步做好政务舆情回应的通知》明确要求，对涉及地方的政务舆情，按照（　）的原则进行回应。

A. 属地管理　　B. 分级负责

C. 谁主管谁负责　　D. 首问负责

68. 对于涉及工会的网络舆情，要立足客观实际，根据网络舆情产生的原因分类应对、分别处置。涉及工会的网络舆情主要包括（　）。

A. 某项具体工作或某一言行引发网民关注

B. 涉及工会组织和工会干部的不实信息和谣言

C. 劳动领域负面网络舆情引发连带负面评价

D. 网络平台发生系统故障

69. 根据网络舆情的特点，工会组织面对负面网络舆情，要从分析原因着手，有针对性地采取应对措施。工会科学应对负面网络舆情的措施包括（　）。

A. 对于因不当行为诱发的负面网络舆情，责成属地工会迅速查明事实真相，对不当行为负责

B. 对于公众人物关于工会的负面言论，要具体问题具体分析，如有失公允，可通过加强正面宣传

C. 对于涉及工会的不实信息和谣言，要依法向网信部门投诉，防止谣言进一步扩散

D. 对于劳动领域负面网络舆情，要积极主动寻找工作突破口，推动责任单位解决职工群众的合法诉求

70. 当前，世界经济数字化转型加速，新一代信息技术

加速迭代升级和融合应用，数字经济引领生产要素、组织形态、商业模式全方位变革，全球网络安全局势的特点主要包括（　）。

A. 全球网络对抗态势进一步升级

B. 针对基础设施的网络攻击日益活跃

C. 数据泄露安全事件高危频发

D. 重大网络安全漏洞不断涌现

71. 《网络安全法》明确规定，我国致力于推动构建和平、安全、开放、合作的网络空间，建立（　）的网络治理体系。

A. 多边　B. 民主　C. 透明　D. 完整

72. 国家对密码实行分类管理，密码分为（　）。

A. 核心密码　B. 普通密码

C. 商用密码　D. 原始密码

73. 根据国家法律规定，属于国家秘密的密码包括（　）。

A. 核心密码　B. 普通密码

C. 商用密码　　　　　　D. 原始密码

74. 根据《党委（党组）网络安全工作责任制实施办法》的有关规定，网络安全工作的责任主体主要包括（　）。

A. 各级党委（党组）

B. 各地区各部门网络安全和信息化领导机构

C. 行业主管监管部门

D. 各单位工会

75. 根据《党委（党组）网络安全工作责任制实施办法》的有关规定，启动问责的条件包括（　）。

A. 按行为问责　　　　　　B. 按后果问责

C. 按组织问责　　　　　　D. 按对象问责

76. 为了避免非管理员登录网络系统，需要设置身份认证。常用的身份认证和鉴别技术包括（　）。

A. 动态口令　　　　　　B. 指纹或人脸识别

C. 短信验证码　　　　　　D. 熟人识别

77. 在网络安全防护体系中，数据安全管理模块的主要功能是保障网络系统内数据的安全性。其中包含的核心技术有（　）。

A. 数据库审计　　B. 数据容灾备份

C. 人员保障　　D. 经费保障

78. 关于保障网络区域边界安全，入侵防范的关注重点一般包括（　）。

A. 外部网络发起的攻击

B. 内部网络发起的攻击

C. 对新型攻击的防范

D. 入侵和攻击的及时告警

79. 恶意代码主要包括（　），其传播载体主要是网页、电子邮件等应用。

A. 计算机病毒　　B. 木马

C. 蠕虫　　D. 编程

80. 网络区域边界安全审计的重点包括（　）等。安全审计对网络日志进行分析，形成报表，并根据具体情况采取报警、阻断等操作。

A. 监测网络流量和设备运行情况

B. 记录和识别异常流量并进行报警

C. 监测平台工作人员工作情况

D. 监测平台经费保障情况

81. 工会网络安全防护工作成效的提升，应从提高网络系统自身防护等级入手，其主要包括（　）。

A. 对通信网络系统安全防护工作给予足够的重视和资源投入

B. 对通信网络环境净化工作以及私人信息保护工作给予充分的认识与重视

C. 让网络开发第三方独立工作，不必监管

D. 根据人员情况选择等保等级，不用过于苛求

82. 根据等保基本要求，网络安全检查内容分为（　）。

A. 管理类　B. 技术类　C. 保障类　D. 服务类

83. 网络安全宣传教育培训要体现层次性，对不同岗位的人员进行侧重不同的培训。网络安全宣传教育培训的层次主要包括（　）。

A. 对主管网络安全工作负责人的培训

B. 对负责网络安全运行管理及维护的技术人员的培训

C. 对信息系统用户的培训

D. 对特定的管理人员提供特定的安全培训

84. 移动互联网的应用非常丰富，导致网络安全问题更加复杂，可能引发病毒程序等一系列攻击，造成严重危害，其中主要有（　）等问题。

A. DDOS 侵入　　B. SQL 恶意注入

C. 滥定业务　　D. 盗取费用

E. 支付安全

85. 由于移动互联网的接入方式不同，接入类型多种多样，给其带来了安全威胁问题。移动互联网安全防护措施主要包括（　）。

A. 加强个人防范意识　　B. 加强网络防护

C. 提供应用防护能力　　D. 增加经费保障

86. 新形势下，在对全国总工会及各级工会自身安全体系架构进行设计与建设时，要落实国家网络安全等级保护制度，其主要措施包括（　）。

A. 落实国家网络安全等级保护制度，对单位系统进行科学的定级备案，落实安全整改建设

B. 要配合上级单位和监管单位进行安全监督和检查

C. 建立网络安全监督检查奖励制度

D. 建立网络安全监督检查报告制度

87. 对全国总工会及各级工会自身安全体系架构进行设计与建设，在安全技术体系方面，应从（　）方面分别进行设计。

A. 安全计算环境　　B. 安全区域边界

C. 安全通信网络　　D. 安全管理中心

88. 考虑到机构内部人员分散性和独立性的特点，应当将强化各部门人员的网络安全意识作为信息化建设中的重点任务。其主要措施包括（　）。

A. 常态化地开展机构内部整体的网络安全培训会、研讨会

B. 构建跨部门网络安全协作意识培训机制

C. 建立机构网络安全意识培训学分制度

D. 建立机构网络安全意识培训奖励制度

89. 未来智慧工会建设要主动融入（　）的战略大局中，不仅要对接数字政府，也要积极参与智慧社会的数字化进程，加快数字化转型，为数字中国建设贡献工会力量。

A. 网络强国　　B. 数字中国

C. 智慧社会　　D. 智慧工会

90. 工会数字化转型的本质是用数字的（　），对工会工作流程、运行模式等进行持续的升级转型。

A. 新思维　　B. 新技术

C. 新方法　　D. 新工具

91. 智慧工会要以新一代信息技术为支撑，重塑工会信息化管理架构、业务架构、技术架构，通过构建大数据驱动的工会（　），进一步优化调整工会内部的组织架构、运作程序和管理服务，全面提升工会各项履职能力。

A. 新机制　　B. 新平台

C. 新渠道　　D. 新会员

92. 要打造基于区块链技术的会员数字身份账户系统，建成标准统一的工会基础数据库，实现工会数据资源的共享整合，聚焦数据和应用，向各级工会赋能，为加强工会（　）提供技术和数据支撑。

A. 精准服务　　B. 业务协同

C. 宏观决策　　D. 人员聘用

93. 工会网上工作业务数字化和数字业务化并非对立关系，工会数字业务化是信息化时代工会业务发展的更高级阶段。推动工会数字业务化可以采取的举措包括（　）。

A. 将数字工会相关数据资源对外开放，提供查询、统计分析、数据处理等服务

B. 通过建设开通网上工运史馆、工匠学院等在线服务载体，激发“工”字特色知识活力

C. 在工会网上普惠服务过程中汇聚海量数据，进而推动新的业务创新发展

D. 加强工会法治建设，提高工会服务水平

94. 把建好、用好网上工作平台作为工会改革创新的重要内容，积极构建工会大服务格局，进一步推动工会（　）。

A. 业务上网　　B. 服务上网

C. 活动上网　　D. 奖励上网

95. “十四五”时期，全国工会系统将构建基于互联网的工会服务应用创新体系。建设全国工会服务平台，打造以（　）为重点的网上应用服务体系。

A. 媒体宣传　　B. 就业服务

C. 技能提升　　D. 法律维权

E. 文化服务

96. 创新工会多元化服务，推进与（　）的有机结合，实现工会网上服务资源优化配置和共享。

A. 政务服务　　B. 社会服务

C. 企业服务　　　　　　D. 维权服务

97. 智慧工会时代，工会系统要进一步加强沟通和渠道整合，实现多渠道的（　）的一体化管理，从而进一步提升工会数字化服务效能。

A. 统一接入　　　　　　B. 统一视图

C. 统一服务　　　　　　D. 统一监控

E. 统一信息流

98. 科学决策是现代管理的核心，决策是决定管理工作成败的关键。（　）与常常缺乏真实可靠的数据做依据，多是依赖主观经验。

A. 经验型决策　　　　　B. 响应式决策

C. 数据型决策　　　　　D. 分析型决策

99. 促进工会网上工作创新发展，需要统筹资源力量，其主要措施包括（　）。

A. 推进工会组织间互联互通

B. 运用政府、市场等外部力量

C. 健全制度规范标准

D. 建立工会网上工作人员晋升制度

100. 完备的治理机制和制度规范是推进数字工会跨界创新的重要保障，应建立健全有关数字工会建设运营的法律法规、基础制度与标准规范。其主要包括（　）。

A. 建立健全基础制度

B. 制定出台标准规范

C. 健全评估考核制度

D. 完善与政府联席会议制度

参考答案

一、单项选择题

1. A	2. A	3. B	4. A	5. D
6. C	7. C	8. D	9. A	10. A
11. C	12. C	13. D	14. C	15. B
16. B	17. A	18. C	19. D	20. C
21. A	22. B	23. A	24. A	25. D
26. C	27. B	28. A	29. C	30. A
31. B	32. D	33. D	34. B	35. B
36. D	37. B	38. C	39. A	40. B
41. C	42. B	43. D	44. C	45. B
46. C	47. A	48. B	49. B	50. C
51. B	52. C	53. A	54. D	55. A
56. A	57. C	58. D	59. B	60. D
61. A	62. D	63. A	64. B	65. A

66. A	67. A	68. A	69. D	70. A
71. A	72. D	73. A	74. D	75. A
76. A	77. B	78. A	79. A	80. B
81. C	82. B	83. D	84. A	85. A
86. A	87. B	88. D	89. A	90. D
91. A	92. A	93. B	94. C	95. D
96. A	97. B	98. D	99. D	100. D
101. A	102. A	103. A	104. B	105. A
106. B	107. B	108. B	109. D	110. B
111. B	112. D	113. C	114. C	115. B
116. B	117. A	118. B	119. A	120. B
121. A	122. B	123. A	124. D	125. A
126. B	127. A	128. A	129. B	130. A
131. A	132. B	133. B	134. D	135. A
136. B	137. B	138. A	139. C	140. A
141. C	142. A	143. A	144. B	145. C
146. A	147. A	148. D	149. A	150. B
151. A	152. A	153. A	154. B	155. C

156. A	157. A	158. A	159. A	160. D
161. A	162. B	163. A	164. C	165. A
166. C	167. B	168. A	169. B	170. D
171. A	172. B	173. C	174. B	175. D
176. A	177. A	178. B	179. A	180. C
181. D	182. D	183. A	184. B	185. A
186. A	187. A	188. B	189. D	190. C
191. A	192. C	193. B	194. B	195. B
196. A	197. A	198. A	199. A	200. B

二、多项选择题

1. ABC	2. ABC	3. ABD	4. BCD	5. ABCD
6. ABC	7. ABCD	8. ABCD	9. ABCD	10. ABC
11. ABCD	12. ABC	13. ABCD	14. ABCD	15. ABCD
16. ABC	17. ABCD	18. ABCDEF	19. ABCD	20. ABC
21. BCD	22. ABCD	23. AB	24. ABC	25. ABC
26. ABC	27. AB	28. BC	29. BCD	30. AB
31. ABC	32. AB	33. ABCD	34. AB	35. ABC
36. ABCD	37. ABC	38. ABC	39. ABC	40. ABC
41. ABCD	42. ABCD	43. ABCD	44. AB	45. ABC
46. ABC	47. ABC	48. ABCDE	49. ABCD	50. ABCD
51. ABCDEF	52. ABC	53. ABCD	54. ABCD	55. ABC
56. ABC	57. ABC	58. ABCD	59. ABC	60. ABCDE
61. ABCD	62. ABCD	63. ABCD	64. ABC	65. ABC

66. ABC	67. ABC	68. ABC	69. ABCD	70. ABCD
71. ABC	72. ABC	73. AB	74. ABC	75. AB
76. ABC	77. AB	78. ABCD	79. ABC	80. AB
81. AB	82. AB	83. ABCD	84. ABCDE	85. ABC
86. AB	87. ABCD	88. AB	89. ABC	90. ABCD
91. ABC	92. ABC	93. ABC	94. ABC	95. ABCDE
96. ABC	97. ABCDE	98. AB	99. ABC	100. ABC